Gibran Khalil Gibran

Der Vorbote

Seine Parabeln und Gedichte

aionas

Bibliographische Informationen der Deutschen Nationalbibliothek: Die Deutsche Nationalbibliothek verzeichnet diese Publikation in der Deutschen Nationalbibliographie; detaillierte bibliographische Daten sind im Internet unter http://dnb.dnb.de abrufbar.

Gibran Khalil Gibran
DER VORBOTE
Englischer Originaltitel:
THE FORERUNNER
Übersetzung: Alexander Varell

aionas Verlag, Marstallstraße 1, Weimar
1. Auflage, 2018
Herstellung: BoD – Books on Demand, Norderstedt
ISBN: 978-3-965450011

Gibran Khalil Gibran

Der Vorbote

Seine Parabeln und Gedichte

ins Deutsche übertragen von

Alexander Varell

DU BIST DEIN EIGENER VORBOTE, und die Türme, die du errichtest, sind nur das Fundament für dein größeres Selbst. Und auch dieses Selbst ist nur ein Fundament.

Auch ich bin mein eigener Vorbote, denn der lange Schatten, der sich bei Sonnenaufgang vor mir erstreckt, wird sich zur Mittagszeit unter meinen Füßen sammeln. Ein weiterer Sonnenaufgang wird einen weiteren Schatten vor mich legen und auch dieser sammelt sich zur Mittagszeit.

Wir waren immer unsere eigenen Vorboten und werden es immer bleiben. Und alles, was wir sammelten und sammeln werden, sind nur Samen für noch nicht bestellte Felder. Wir sind diese Felder und wir pflügen sie, wir sind die Sammler und die Eingesammelten.

Als du ein wandernder Wunsch im Nebel warst, war auch ich ein wandernder Wunsch. Dann suchten wir einander, und unser Eifer brachte neue Träume hervor, zeitlose Träume im unermesslichen Raum.

Als du ein stilles Wort auf den bebenden Lippen des Lebens warst, war auch ich da, ein anderes stilles Wort. Da äußerte sich uns das Leben und wir gingen hinunter, mit pochenden Herzen vor Erinnerungen an das Gestern und vor Sehnsucht nach dem Morgen, denn gestern wurde der Tod besiegt und Morgen heißt es, die Geburt verfolgen.

Jetzt sind wir in Gottes Händen. Du bist eine Sonne in Seiner rechten Hand und ich eine Erde in Seiner linken. Doch du leuchtest nicht heller als ich leuchte. Und wir, Sonne und Erde, sind nur der Anfang einer größeren Sonne und einer größeren Erde. Und immer werden wir der Anfang sein.

Du bist dein eigener Vorbote, du, ein Fremder, der durch das Tor meines Gartens schreitet. Auch ich bin mein eigener Vorbote, auch wenn ich im Schatten meiner Bäume sitze und reglos erscheine.

GOTTES NARR

Einst kam ein Mann aus der Wüste in die große Stadt Scharia, ein Träumer, der nichts als ein Gewand und einen Wanderstock besaß.

Während er durch die Straßen ging, blickte er mit Ehrfurcht und Staunen auf die Tempel, Türme und Paläste, denn die Stadt Scharia war von unvergleichlicher Schönheit.

Er sprach oft mit den Passanten und fragte sie nach ihrer Stadt, doch verstanden sie weder seine Sprache noch er die ihre.

Um die Mittagszeit hielt er vor einem großen Gasthaus an. Es war aus gelbem Marmor, und die Menschen gingen unentwegt ein und aus.

»Das muss ein Gotteshaus sein«, sagte er sich und ging ebenfalls hinein. Doch welch Überraschung! Er kam in einen Saal von großer Pracht, in dem sich unzählige Männern und Frauen befanden, die an vielen Tischen saßen, aßen und tranken und den Musikern lauschten.

»Nein«, sagte der Träumer. »Das ist kein Gottesdienst. Es muss ein Fest sein, das der Prinz dem Volk hält zur Feier eines großen Ereignisses.«

In diesem Augenblick näherte sich ihm ein Mann, den er als Sklaven des Prinzen betrachtete, und dieser bat ihn, sich zu setzen. Er servierte ihm Fleisch und Wein und die besten Süßspeisen.

Nachdem er zufrieden war, erhob sich der Träumer und ging. An der Tür hielt ihn ein großer, prächtig gekleideter Mann auf.

»Das muss der Prinz höchstpersönlich sein«, sagte sich der Träumer in seinem Herzen. Er verneigte sich vor ihm und dankte.

Da sagte der große Mann in der Sprache der Stadt: »Mein Herr, Sie haben Ihr Abendmahl nicht bezahlt.«

Der Träumer aber verstand es nicht und dankte ihm nochmals herzlich. Da schaute ihn der große Mann an und betrachtete sich den Träumer genauer. Und er sah, dass er ein Fremder war, der nur ein verschlissenes Gewand trug und tatsächlich nicht in der Lage war, für sein Essen zu bezahlen.

Da klatschte der große Mann in die Hände und rief. Vier Wächter der Stadt erschienen, die den großen Mann anhörten. Sogleich nahmen sie den Träumer in ihre Mitte, zwei auf jeder Seite.

Der Träumer bemerkte ihre zeremonielle Kleidung und ihre Gebärden und sah sie mit Begeisterung an.

»Das«, sagte er, »sind Männer von Rang.«

Gemeinsam gingen sie zum Gerichtsgebäude und betraten es.

Der Träumer trat vor einen ehrwürdigen Mann mit rauschendem Bart, majestätisch gekleidet, der auf einem Thron saß. Er dachte, es wäre der König, und freute sich, ihm zu begegnen.

Die Wachleute teilten dem Richter, jenen ehrwürdigen Mann, das Vergehen des Träumers mit. Der Richter ernannte zwei Anwälte, einen, um die Anklage zu vertreten, und einen, der den Fremden verteidigen sollte. Die Anwälte erhoben sich, und einer nach dem anderen brachte seine Argumente vor. Der Träumer aber dachte, er lausche Willkommensreden. Sein Herz war voller Dankbarkeit für den König und den Prinzen für alles, was man für ihn tat.

Man verurteilte den Träumer, man möge ihm eine Tafel um den Hals hängen, auf der man sein Verbrechen schriebe. Auf einem nackten Gaul, von einem Trompeter und einen Trommler begleitet, solle er so durch die Stadt reiten. Und diese Urteil wurde unverzüglich vollstreckt.

Während der Träumer auf dem nackten Pferd, von einem Trompeter und einem Trommler begleitet, durch die Gassen ritt, wurden die Bewohner der Stadt durch den Krach herbeigerufen. Als sie ihn sahen, lachten sie alle und die Kinder rannten ihm zur Begleitung von Straße zu Straße nach. Und das Herz des Träumers war voller Euphorie, seine Augen strahlten sie an. Denn er hielt die Tafel als ein Zeichen für des Königs Wohlwollen und die Prozession als eine Veranstaltung zu seinen Ehren.

Während er so ritt, entdeckte er in der Menge einen Mann, der wie er aus der Wüste stammte. Da schwoll sein Herz vor Freude an und er rief ihm durch das Geschrei hindurch zu:

»Freund! Mein Freund! Wo sind wir hier? Welche Stadt ist das, die alle Herzenswünsche erfüllt? Was für ein Geschlecht großzügiger Gastgeber, die einem zufälligen Gast in ihren Palästen festlich bewirten, deren Fürsten ihm Geleit anbieten, deren Könige ihm ein Ehrenzeichen an dic Brust hängen und ihm die Gastfreundschaft einer vom Himmel herabgekommenen Stadt eröffnen!«

Doch der andere Fremde aus der Wüste antwortete nicht. Er lächelte nur und schüttelte den Kopf. Und die Prozession ging weiter. Das Haupt des Träumers war hoch erhoben und seine Augen waren übervoll des Lichts.

LIEBE

Man sagt, Schakal und Maulwurf
Trinken aus dem gleichen Strom,
Aus dem auch der Löwe trinkt.

Man sagt, Adler und Geier
Schlagen ihre Schnäbel in den gleichen Kadaver,
Und halten Frieden
In der Gegenwart des toten Leibs.

O Liebe, deren gebieterische Hand
Mein Verlangen zügelte
Und meinen Hunger und Durst
Nach Stolz und Würde weckte,
Lass nicht das Starke in mir und das Stetige
Das Brot essen oder den Wein trinken,
Die mein schwaches Selbst in Versuchung bringen.
Eher lass mich verhungern
Und lass mein Herz vor Durst verdorren,
Lass mich sterben und untergehen,
Ehe ich meine Hand recke
Nach einem Kelch, den du nicht fülltest,
Oder eine Schale, die du nicht gesegnet hast.

DER KÖNIGLICHE EREMIT

MAN ERZÄHLTE MIR, in einem Wald in den Bergen lebe ein junger Mann abgeschieden von der Welt. Einst war er der König des mächtigen Landes jenseits der zwei Flüsse gewesen. Man erzählte mir auch, er hätte aus eigenem Willen seinen Thron und das glorreiche Land verlassen, um in der Wildnis zu leben.

Da sagte ich: »Ich will diesen Menschen aufsuchen und das Geheimnis seines Herzens ergründen, denn wer auf ein Königreich verzichtet, muss größer sein als jedes Königreich.«

Noch am gleichen Tage ging ich in den Wald, in dem er wohnte. Als ich ihm begegnete, saß er unter einer weißen Zypresse und hielt ein Schilfrohr in seiner Hand, als wäre es ein Zepter. Ich grüßte, so wie man einen König grüßt. Er wandte sich mir zu und sagte sanftmütig: »Was führt dich in diesen Wald der Gelassenheit? Suchst du in den grünen Schatten ein verlorenes Selbst oder kehrst du in das eignen Zwielicht heim?«

Ich antwortete: »Ich suche nur nach dir, denn ich möchte von dir erfahren, was dich dazu bewegte, ein Königreich gegen einen Wald zu tauschen.«

Er antwortete: »Meine Geschichte ist nur kurz, so kurz wie das Leben einer Seifenblase. Es verhielt sich so: Eines Tages, ich saß an einem Fenster meines Palastes, gingen mein Hofmeister und ein Gesandter aus einem fremden Land in meinem Garten spazieren. Als sie sich meinem Fenster näherten, sprach der

Hofmeister von sich selbst und sagte: ›Ich bin wie der König. Mich dürstet nach starkem Wein und hungert nach allen Glücksspielen. Und wie mein Herr, der König, besitze ich ein aufbrausendes Temperament.‹ Der Hofmeister und der Gesandte verschwanden hinter den Bäumen. Doch nach wenigen Minuten kehrten sie zurück, und diesmal sprach der Hofmeister von mir und sagte: ›Mein Herr, der König, ist wie ich, ein guter Schütze. Und so wie ich liebt er die Musik und badet drei Mal täglich.‹« Da hielt er inne und fügte dann hinzu: »Noch am gleichen Abend verließ ich den Palast und behielt nur mein Gewand. Ich wollte nicht mehr Herrscher über jene sein, die meine Laster annehmen und mir ihre Tugenden zuschreiben.«

Da antwortete ich: »Das ist in der Tat eine wunderliche Geschichte mit einem merkwürdigen Ausgang.«

Er sprach: »Nein, mein Freund, du klopftest an das Tor meines Schweigens und bekamst bisher nichts als eine Belanglosigkeit dafür. Denn wer würde nicht ein Königreich für einen Wald verlassen, in dem die Jahreszeiten unaufhörlich singen und tanzen? Es gibt viele, die ihr Königreich für weniger hergeben als fürs Alleinsein und die süße Gemeinschaft der Einsamkeit. Unzählig sind die Adler, die aus den höheren Gefilden herabsteigen, um mit den Maulwürfen zu leben, die ihnen die Geheimnisse der Erde offenbaren. Es gibt auch jene, die auf das Reich der Träume verzichten, damit sie sich nicht von jenen Traumlosen unterscheiden. Und jene gibt es, die dem Reich der Nacktheit abschwören und ihre Seele bedecken, damit sich andere nicht ihrer schämen, wenn sie ihrer entblößten Wahrheit begegnen und ihre unverhüllte Schönheit. Größer noch als alle anderen ist der, der auf das Reich des Leids verzichtet, damit man ihn nicht als stolz und eitel erachten kann.«

Dann erhob er sich, auf sein Schilf gestützt, und sagte: »Geh in die große Stadt und setz dich an eines ihrer Tore. Beobachte alle, die ein- und ausgehen, und sieh zu, dass du einen findest, der, obwohl er als König geboren wurde, ohne Königreich ist. Finde einen, der im Fleische wie im Geiste regiert, egal ob er oder seine Untertanen sich dessen bewusst sind. Und finde auch den, der zu gebieten scheint, obwohl er in Wahrheit der Sklave seiner eigenen Sklaven ist.«

Nachdem er dies gesagt hatte, lächelte er mich an. Tausend Morgenröte lagen auf seinen Lippen. Dann wendete er sich ab und ging hinein in das Herz des Waldes.

Ich aber kehrte in die Stadt zurück. Ich setzte mich an eines ihrer Tore, um die Passanten zu beobachten, wie er es mir geheißen hatte. Bis heute waren es unzählige Könige, deren Schatten auf mir lagen, und es waren nur wenige Untertanen, auf die sich mein Schatten legte.

DIE TOCHTER DES LÖWEN

Vier Sklaven fächelten einer alten Königin zu, die auf ihrem Thron schlief und schnarchte. Auf dem Schoß der Königin lag eine schnurrende Katze und schaute trägen Blickes zu den Sklaven hinauf.

Der erste Sklave sagte: »Wie hässlich die alte Frau im Schlaf doch ist. Seht, wie ihr Kiefer herunterhängt; und sie atmet, als würde der Teufel sie würgen.«

Da sagte die Katze schnurrend: »Sie ist nicht halb so hässlich in ihrem Schlaf wie du in deiner wachen Sklaverei.«

Der zweite Sklave sagte: »Man sollte meinen, dass der Schlaf ihre Falten glättet, doch sie vertiefen sich. Sie träumt wohl von etwas Bösem.«

Die Katze schnurrte: »Du möchtest wohl auch schlafen und von deiner Freiheit träumen?«

Der dritte Sklave sagte: »Vielleicht sieht sie eine Prozession all derer, die sie auf dem Gewissen hat.«

Und die Katze schnurrte: »Ja, sie sieht die Prozession deiner Vorfahren und Nachkommen.«

Der vierte Sklave sagte: »Schön und gut, wenn wir über sie herziehen, aber es macht mich nicht weniger müde, hier zu stehen und ihr Luft zuzufächeln.«

Die Katze aber schnurrte: »Du wirst ewig fächeln, denn wie auf Erden, so ist es auch im Himmel.«

In diesem Moment nickte die alte Königin im Schlaf und ihre Krone fiel auf den Boden.

Einer der Sklaven sagte: »Das ist ein schlechtes Omen.«

K. Gibran
1920

Und die Katze schnurrte: »Das böse Omen des einen ist das gute Omen eines anderen.«

Der zweite Sklave sprach: »Was ist, wenn sie aufwacht und ihre heruntergefallene Krone auf dem Boden entdeckt? Sicher wird sie uns töten.«

Und die Katze schnurrte: »Von deiner Geburt an bis heute hat sie dich jeden Tag aufs Neue umgebracht. Doch du verstehst es nicht.«

Der dritte Sklave sagte: »Ja, sie wird uns töten und damit den Göttern ein Opfer bringen.«

Und die Katze schnurrte: »Nur die Schwachen werden den Göttern geopfert.«

Der vierte Sklave brachte die anderen zum Schweigen. So leise wie nur möglich hob er die Krone auf und setzte sie, ohne sie zu wecken, auf den Kopf der alten Königin.

Und die Katze schnurrte: »Nur ein Sklave stellt eine gefallene Krone wieder her.«

Nach einer Weile wachte die alte Königin auf. Sie sah sich um, gähnte und sagte: »Mir war, als träumte ich. Ich sah vier Raupen, die ein Skorpion um den Stamm einer alten Eiche jagte. Ein schrecklicher Traum.«

Da schloss sie ihre Augen wieder und schlief schnarchend weiter. Und die vier Sklaven fächelten ihr weiter zu.

Die Katze schnurrte: »Fächelt nur, fächelt nur, ihr Dummköpfe. Ihr facht nur das Feuer an, das euch verzehrt.«

TYRANNEI

Dies singt die Braut des Drachen, die sieben Höhlen am Meer bewacht: »Mein Gefährte, auf den Wellen reitend wird er erscheinen. Sein donnerndes Gebrüll versetzt die Erde in Schrecken, die Flammen seiner Nüstern legen den Himmel in Brand. Bei Mondfinsternis soll unsere Hochzeit sein und bei der Sonnenfinsternis werde ich einen Heiligen Georg gebären, der mich töten wird.«

Dies singt die Braut des Drachen, die sieben Höhlen am Meer bewacht.

DER HEILIGE

ICH BESUCHTE EINMAL, ALS ICH JUNG WAR, einen Heiligen in seinem stillen Hain jenseits der Berge. Wir unterhielten uns gerade über die Natur der Tugend, da kam ein Räuber, der schweren Schrittes den Hang hinaufhinkte. Nachdem er den Hain erreicht hatte, kniete er vor dem Heiligen nieder und sagte: »O Heiliger, tröste mich! Meine Sünden lasten schwer auf mir.«

Der Heilige antwortete: »Auch meine Sünden lasten schwer auf mir.«

Da sprach er Räuber: »Ich bin ein Dieb und Plünderer.«

Und der Heilige antwortete: »Auch ich bin ein Dieb und Plünderer.«

Der Räuber sagte: »Aber ich bin ein Mörder. Das Blut vieler Menschen schreit in meinen Ohren.«

Und der Heilige antwortete: »Auch ich bin ein Mörder, dem das Blut vieler Menschen in den Ohren schreit.«

Der Räuber sagte: »Ich habe unzählige Verbrechen begangen.«

Und der Heilige antwortete: »Auch meine Verbrechen sind ohne Zahl.«

Da stand der Räuber auf und blickte den Heiligen mit großem Befremden an. Er wendete sich von uns ab und ging den Abhang wieder hinunter.

Da wandte ich mich dem Heiligen zu und sagte: »Warum hast du dich wegen unverschuldeter Verbrechen bezichtigt? Siehst du nicht, dass dieser Mann fortging und nicht mehr an dich glaubt?«

Der Heilige antwortete: »Das ist wahr. Er glaubt nicht mehr an mich. Doch er ist getröstet.«

In diesem Moment hörten wir den Räuber in der Ferne singen und der Hall seines Gesangs erfüllte das Tal mit Freude.

DER PLUTOKRAT

Auf meinen Wanderungen sah ich einmal auf einer Insel ein Monster mit Menschenkopf und eisernen Hufen. Es fraß von der Erde und trank ohne Unterlass vom Meer. Ich beobachtete es lange Zeit. Dann näherte ich mich ihm und sagte: »Bist du nimmer satt? Sind dein Hunger und dein Durst nie gestillt?«

Er antwortete: »Ja, ich bin satt, ich bin des Fressens und des Trinkens sogar leid. Doch habe ich Angst, dass ich Morgen keine Erde mehr zum Fressen vorfinde und es kein Meer mehr zum Trinken gibt.«

DAS GRÖSSERE SELBST

Es war einmal, da zog sich Nufsibaal, der König von Byblos, nach seiner Krönung in sein Schlafgemach zurück. Es war genau jenes Gemach, das die drei als Einsiedler lebenden Magier der Berge für ihn eingerichtet hatten. Er legte seine Krone ab und zog sein königliches Gewand aus. Mitten im Raum blieb er stehen und wurde sich bewusst, dass er von nun an der allmächtige Herrscher von Byblos ist.

Plötzlich drehte er sich um und sah, wie ein nackter Mann aus dem silbernen Spiegel trat, den seine Mutter ihm geschenkt hatte.

Der König erschrak und er rief ihm zu: »Was willst du?«

Der nackte Mann antwortete: »Nur das: Warum hat man dich zum König gekrönt?«

Der König antwortete: »Weil ich der edelste Mann im Land bin.«

Und der Nackte erwiderte: »Wärst du noch edler, wärst du kein König geworden.«

Der König sprach: »Ich bin der mächtigste Mann im Land. Darum hat man mich gekrönt.«

Und der nackte Mann sagte: »Wärst du noch mächtiger, wärst du kein König geworden.«

Da sagte der König: »Weil ich der weiseste Mann bin, haben sie mich zum König gekrönt.«

Und der Nackte sagte: »Wärest du noch weiser, hättest du dich nicht dafür entschieden, König zu werden.«

Da fiel der König auf die Knie und weinte bitterlich.

Der nackte Mann sah auf ihn herab. Dann nahm er die Krone zur Hand und setzte sie behutsam auf das geneigte Haupt des Königs. Er sah den König liebevoll an und trat wieder in den Spiegel zurück.

Als der König sich erhob, sah er gleich in den Spiegel. Und darin sah er nur sich selbst – gekrönt.

KRIEG UND DIE KLEINEN NATIONEN

EINST KREISTE HOCH ÜBER EINER WEIDE, auf der ein Schaf und ein Lamm grasten, ein Adler und starrte hungrig auf das Lamm hinunter. Er stieg hinab und wollte eben seine Beute ergreifen, da erschien ein anderer Adler und schwebte mit der gleichen hungrigen Absicht über dem Schaf und seinem Jungen. Da begann ein heftiger Kampf zwischen den beiden Rivalen, der Himmel war von ihren stürmischen Schreien erfüllt.

Das Schaf sah auf und erstaunte sehr. Es wandte sich dem Lamm zu und sagte: »Wie seltsam, mein Kind! Warum diese beiden edlen Vögel sich einander bekriegen? Ist der gewaltige Himmel nicht groß genug für beide? Bete, mein Kleines, bete in Deinem Herzen, Gott möge zwischen deinen geflügelten Brüdern Friede stiften.«

Und das Lamm betete in seinem Herzen.

K. Gibran
1920

KRITTLER

Eines Tages, bei Einbruch der Nacht, erreichte ein Mann, der auf einem Pferd zum Meer ritt, ein Gasthaus am Wegesrand. Wie alle, die zum Meer reiten, vertraute er den Menschen und der Nacht, und er band sein Pferd an einen Baum neben der Haustür und betrat das Gasthaus.

Um Mitternacht, als alle schliefen, kam ein Dieb und stahl das Pferd des Reisenden.

Der Mann erwachte am Morgen und entdeckte, dass man ihm sein Pferd gestohlen hatte. Da trauerte er um sein Pferd und klagte darüber, dass jemand so herzlos war, es ihm zu stehlen.

Da kamen die anderen Gäste des Wirtshauses, blähten sich vor ihn auf und redeten auf ihn ein.

Der erste Mann sagte: »Wie dumm du doch bist, dass du dein Pferd nicht in den Stall gebracht hast.«

Der zweite sagte: »Noch dümmer war es, dass du es nicht angepflockt hast!«

Ein dritte Mann sagte: »Viel dümmer noch ist es, zu Pferde ans Meer zu reisen.«

Und ein Vierter schließlich sprach: »Nur Faule und Fußlahme besitzen Pferde.«

Der Reisende war zutiefst verwundert. Schließlich sagte er: »Meine Freunde, man hat mir mein Pferd gestohlen, und ihr alle wart sehr eifrig dabei, mir meine Fehler und Makel vorzuhalten. Doch es ist sehr seltsam, dass ihr kein Wort des Vorwurfs an den Mann verschwendet habt, der mir mein Pferd stahl.«

DICHTER

VIER DICHTER SASSEN AN EINEM TISCH, auf dem ein Krug voller Punsch stand.

Der erste Dichter sagte: »Mir ist, als sähe ich mit meinem dritten Auge den Duft dieses Weins. Er schwebt durch den Raum wie eine Wolke aus Vögeln in einem Zauberwald.«

Der zweite Dichter hob den Kopf und sagte: »Mit meinem inneren Ohr hör' ich die Nebelvögel singen. Ihre Melodie ergreift mein Herz, so wie eine weiße Rose eine Biene mit ihren Blütenblättern gefangen nimmt.«

Der dritte Dichter schloss die Augen, streckte seinen Arm aus und sagte: »Ich berühr' ihn mit meiner Hand. Ich spüre seine Flügel, die mir wie der Atem einer schlafenden Fee über die Finger streichen.«

Dann erhob sich der vierte Dichter, hob den Krug empor und sagte: »Wie schade, meine Freunde! Meine Sinne sind zu stumpf zum Sehen und Hören und Fühlen. Weder kann ich den Duft dieses Weins sehen, noch seinen Gesang hören oder das Schlagen seiner Flügel spüren. Nur den Wein selbst nehme ich wahr. Und nun muss ich trinken, damit er meine Sinne schärft und mich in eure glücklichen Sphären erhebt.«

Da legte er den Krug an seine Lippen und trank den Punsch bis zum letzten Tropfen aus.

Den drei Dichtern klappte vor Entsetzen die Kinnlade herunter. In ihren Augen stand ein durstiger, aber unpoetischer Hass.

DER WETTERHAHN

SAGTE DER WETTERHAHN ZUM WIND: »Wie langweilig und öde du bist! Kannst du denn nicht anders blasen als nur in mein Gesicht? Du raubst mir meine gottgegebene Beständigkeit.«

Der Wind antwortete nicht. Er lachte nur in den Weltraum.

DER KÖNIG VON ARADUS

Einst kamen die Ältesten der Stadt Aradus zu ihrem König und baten ihn um einen Erlass, der den Stadtbewohnern alle Weine und alle Rauschmittel verbot.

Der König aber wandte sich von ihnen ab und ging lachend davon.

Das entsetzte die Ältesten.

Vor dem Palasttor trafen sie den Hofmeister. Dieser erkannte gleich, dass sie besorgt waren. Er verstand ihre Lage und sagte: »Wie schade, meine Freunde! Hättet ihr den König trunken angetroffen, er hätte euch sicher eure Bitte gewährt.«

AUS MEINEM TIEFEREN HERZEN

Aus meinem tieferen Herzen erhob sich ein Vogel und flog himmelwärts. Das Vöglein stieg immer höher und höher und wurde dabei größer und größer – zuerst war es wie eine Schwalbe, dann wie eine Lerche, wie ein Adler, wie eine Frühlingswolke und schließlich füllte es den ganzen Sternenhimmel aus.

Aus meinem Herzen flog ein Vogel himmelwärts. Je weiter er flog, umso größer wurde er. Doch er blieb in meinem Herzen.

O mein Glaube, mein ungezähmtes Wissen, wie kann ich mich in eure Höhen erheben und mit euch das größere Selbst des Menschen betrachten, das in den Himmel gezeichnet ist? Wie soll ich dieses Meer in mir in Nebel auflösen und mich mit euch in den unermesslichen Raum begeben? Wie kann einer, der im Tempel einsitzt, seine goldenen Kuppeln sehen? Wie kann man das Herz einer Frucht ausdehnen, damit es die ganze Frucht umschließt?

O mein Glaube, ich liege in Ketten hinter diesen Gittern aus Silber und Ebenholz, und ich kann nicht mit dir fliegen.

Doch es ist mein Herz, aus dem du dich in den Himmel erhebst, und es ist mein Herz, das dich festhält. Das muss mir genügen.

DYNASTIEN

Die Königin von Ischana lag gerade in den Geburtswehen, und der König und die mächtigen Männer seines Hofes warteten in atemloser Angst in der großen Halle der Geflügelten Stiere. Da stürzte abends plötzlich ein Bote herein, kniete vor dem König nieder und sagte: »Ich bringe frohe Botschaft für meinen Herrn, den König, für das Königreich und die Sklaven des Königs. Mihrab, der Grausame, dein lebenslanger Feind, der König von Bethroun, ist tot.«

Als der König und die mächtigen Männer das vernahmen, erhoben sie sich alle und jubelten vor Freude, denn der mächtige Mihrab, hätte er länger gelebt, hätte Ischana sicher überwunden und die Bewohner in Ketten gelegt.

In diesem Augenblick betrat der Hofarzt die Halle der Geflügelten Stiere, und hinter ihm standen die königlichen Hebammen. Der Arzt kniete vor dem König nieder und sprach: »Mein Gebieter, mein König, du wirst ewig leben. Über unzählige Generationen wirst du über das Volk Ischanas herrschen. Denn dir, o König, wurde in dieser Stunde ein Sohn geboren, der einst dein Erbe antreten wird.«

Da war die Seele des Königs berauscht vor Freude, denn in einem einzigen Augenblick waren sein Feind besiegt und die königliche Dynastie errichtet.

Nun lebte in der Stadt Ischana auch ein aufrechter Prophet. Er war jung und kühn. Der König befahl, der Prophet möge noch in dieser Nacht zu ihm gebracht werden. Als dieser erschien, sagte der König: »Prophezeie mir und sage voraus: Was wird die Zukunft meines Sohnes sein, der heute dem Königreich geboren wurde?«

Der Prophet zögerte keine Sekunde und sagte: »Höre, o König, ich prophezeie dir die Zukunft deines Sohnes, der heute auf die Welt kam. Die Seele deines ärgsten Feindes, des Königs Mihrab, der gestern Abend starb, verweilte nur einen Tag im Winde. Sie suchte sich einen Körper, in den sie eintreten konnte. Und sie trat in den Leib deines Sohnes, der dir in dieser Stunde geboren wurde.«

Das erzürnte den König. Er zog sein Schwert und erschlug den Propheten. Seitdem sagen sich die Weisen von Ischana heimlich zueinander: »Ist es nicht allseits bekannt, und hat man es nicht geweissagt, dass Ischana von einem Feind regiert werden wird?«

WISSEN UND HALBWISSEN

VIER FRÖSCHE SASSEN auf einem Holzstamm, der am Rande eines Flusses vor sich hinschaukelte. Plötzlich erfasst die Strömung den Stamm und er schwamm gemächlich den Fluss hinunter. Das begeisterte die Frösche, sie waren ganz aus dem Häuschen, denn noch nie zuvor waren sie gesegelt.

Der erste Frosch sprach mit Nachdruck: »Das ist wirklich ein wunderbarer Stamm. Er regt sich, als wäre er lebendig. Nie hat man solch einen Stamm zuvor gesehen.«

Da sprach der zweite Frosch und sagte: »Nein, mein Freund, der Stamm ist wie alle Stämme und regt sich nicht. Es ist der Fluss, der zum Meer fließt und uns und den Stamm mit sich führt.«

Der dritte Frosch sprach: »Es ist weder der Stamm noch der Fluss, der sich bewegt. Die Bewegung ist in unserem Denken. Denn ohne Denken bewegt sich nichts.«

Da gerieten die drei Frösche darüber in Streit, was denn nun in Wahrheit in Bewegung sei. Der Streit wurde heftiger und lauter, doch einigen konnten sie sich nicht.

Da wandten sie sich alle dem vierten Frosch zu, der bis zu diesem Zeitpunkt aufmerksam gelauscht, aber geschwiegen hatte, und sie baten ihn um seiner Meinung.

Der vierte Frosch sprach: »Jeder von euch hat Recht, und keiner von euch ist im Unrecht. Die

Bewegung ist im Stamm und im Wasser und auch in unserem Denken.«

Das erzürnte die drei Frösche sehr, denn keiner von ihnen wollte zugeben, dass er nicht die ganze Wahrheit gesagt hatte und dass die anderen beiden nicht ganz falsch lagen.

Da geschah etwas Merkwürdiges: Die drei Frösche einigten sich und stießen den vierten Frosch vom Stamm in den Fluss.

SAGTE EIN SCHNEEWEISSES BLATT PAPIER

Ein schneeweißes Blatt Papier sagte: »Ich wurde rein erschaffen, rein werde ich stets bleiben. Lieber soll man mich verbrennen und in weiße Asche verwandeln, als dass mich die Dunkelheit berührt oder Unreines in meine Nähe kommt.«

Das Tintenfass hörte, was das Papier gesagt hatte, und lachte sich in sein dunkles Fäustchen. Doch wagte es sich nie, sich dem Blatt zu nähern. Und auch die Buntstifte hatten es vernommen, und auch sie blieben dem Blatt fern.

So blieb das schneeweiße Blatt Papier stets rein und unberührt – und leer.

DIE GELEHRTE UND DIE DICHTERIN

Die Schlange sprach zur Lerche: »Du kannst fliegen, doch du vermagst es nicht, die Tiefen der Erde zu erreichen, wo sich der Saft des Lebens in vollkommener Stille regt.«

Die Lerche antwortete: »Ja, du weißt über vieles Bescheid, du bist weiser als alle Dinge. Wie schade, dass du nicht fliegen kannst.«

Als hätte sie es überhört, sprach die Schlange: »Du kannst weder die Geheimnisse der Tiefen sehen, noch kannst du dich zwischen all den Schätzen des verborgenen Reiches fortbewegen. Erst gestern war es, da lag ich in einer Höhle voller Rubine. Es war wie im Herzen eines reifen Granatapfels, und der schwächste Lichteinfall verwandelte sich in eine Flammenrose. Wer außer mir kann solche Wunderwerke sehen?«

Und die Lerche sagte: »Niemand, niemand außer dir vermag es, sich in den Kristall gewordenen Erinnerungen der Zeiten zu rekeln. Wie schade, dass du nicht singen kannst.«

Die Schlange sprach: »Ich kenne eine Pflanze, deren Wurzel in das Innere der Erde hinabsteigt. Wer von dieser Wurzel isst, wird schöner als Astarte.«

Und die Lerche sprach: »Niemand, niemand außer dir vermag es, die magischen Gedanken der Erde zu entschleiern. Wie schade, dass du nicht fliegen kannst.«

Die Schlange sprach: »Es gibt einen veilchenblauen Strom, der unter einem Berg fließt. Wer aus diesem Strom trinkt, wird unsterblich werden wie die Götter. Sicher kann kein Vogel oder kein Tier diesen veilchenblauen Strom erreichen.«

Die Lerche antwortete: »Wenn es dein Wille ist, dann werde so unsterblich wie die Götter. Wie schade, dass du nicht singen kannst.«

Die Schlange sprach: »Ich kenne einen verborgenen Tempel, den ich einmal im Monat aufsuche. Ihn hat ein vergessenes Geschlecht von Riesen erbaut. Auf seinen Mauern sind die Geheimnisse von Raum und Zeit eingraviert. Wer das liest, begreift, was alle Erkenntnis übersteigt.«

Und die Lerche sprach: »Wahrlich, wenn es dir beliebt, dann umschließe mit deinem geschmeidigen Körper alles Wissen von Raum und Zeit. Wie schade, dass du nicht fliegen kannst.«

Das empörte die Schlange. Sie machte kehrt, und während sie in ihrem Loch verschwand, murmelte sie: »Hohlköpfiger Sänger!«

Die Lerche flog davon und sang: »Wie schade, dass du nicht singen kannst. Schade, schade, meine Gelehrte, du kannst nicht fliegen.«

WERTE

Einmal entdeckte ein Mann auf seinem Feld eine Marmorbüste von großer Schönheit. Er brachte sie zu einem Sammler, der alle schönen Dinge liebte, und bot sie ihm zum Kauf an. Der Sammler kaufte sie zu einem hohen Preis. Dann gingen sie ihrer Wege.

Während der Mann mit seinem Geld nach Hause lief, dachte er sich: »Wie viel Leben dieses Geld bedeutet! Wie kann man das alles für einen toten, gemeißelten Stein hergeben, der tausend Jahre unbeachtet in der Erde vergraben lag?«

Zur gleichen Zeit betrachtete der Sammler die Büste und dachte sich: »Welche Schönheit! Welches Leben! Der Traum von welch erhabener Seele! Frisch erwacht aus einem süßen, tausend Jahre währenden Schlaf. Wie kann man dies für totes, traumloses Geld hergeben?«

ANDERE MEERE

Ein Fisch sagte zu einem anderen: »Über diesem Meer gibt es ein anderes Meer. Darin schwimmen Kreaturen, die leben dort, so wie wir hier leben.«

Der andere antwortete: »Reinste Fantasie! Nichts als Schwärmerei! Man weiß doch, dass alles, was unser Meer auch nur einen Zentimeter verlässt und nicht gleich zurückkehrt, dem Tode geweiht ist. Welchen Beweis hast du für andere Leben in anderen Meeren?«

DER STERBENDE MENSCH UND DER GEIER

Warte, warte noch ein Weilchen, begieriger
Freund.
Bald geb ich diesen welken Körper her,
Dessen beständige, sinnlose Qualen
Deine Geduld erschöpfen.
Deinen redlicher Hunger
Will ich nicht auf die Folter spannen,
Doch diese Kette, obwohl nur aus Atemzügen
geknüpft,
Ist schwer zu zerreißen.
Und den Todeswunsch,
Der stärker ist als alle starken Dinge,
Hält der Schrei nach Leben auf,
Der schwächer ist als alles Schwache.
Verzeih mir, Kamerad,
Dass ich so lang verweile!
Die Erinnerung ist es, die meinen Geist aufhält:
Ein Aufmarsch ferner Tage,
Das Bild einer im Traum verbrachten Jugend,
Ein Gesicht, das meinen Lidern den Schlaf
verbietet,
Eine Stimme, die in meinen Ohren weilt,
Eine Hand, die meine Hand berührt.

Vergib mir, dass du so lange warten musstest.
Nun ist es vorüber, und alles ist verblasst:
Das Gesicht und die Stimme und die Hand und
der Nebel,
Dem sie alle entstiegen sind.
Der Knoten ist gelöst.
Das Band ist zerschnitten.
Was nicht Speise noch Trank ist, zieht sich
zurück.
Tritt näher, mein hungriger Freund!
Die Tafel ist bereitet.
Und die Kost, schlicht und bescheiden,
Wird mit Liebe dargebracht.
Komm, grab deinen Schnabel hier in meine
linken Seite,
Und reiß aus ihrem Käfig den kleineren Vogel
heraus,
Dessen Flügel nicht mehr schlagen können:
Mir dir soll er in den Himmel steigen.

Kommt jetzt, mein Freund, heut Abend bin ich
dein Wirt
Und du bist mein willkommener Gast.

REUE

In einer mondlosen Nacht betrat ein Mann den Garten seines Nachbarn, stahl die größte Melone, die er finden konnte, und nahm sie mit nach Hause. Er schnitt sie auf und entdeckte, dass sie noch unreif war. Da geschah ein Wunder!

Das Gewissen des Mannes erwachte, Reue quälte ihn, und er bedauerte, die Melone gestohlen zu haben.

JENSEITS MEINER EINSAMKEIT

JENSEITS MEINER EINSAMKEIT ist eine andere Einsamkeit. Für den, der darin wohnt, muss mein Alleinsein wie ein überfüllter Markt erscheinen und mein Schweigen wie ein wirres Durcheinander aus Geräuschen.

Ich bin zu jung und auch zu rastlos, um diese andre Einsamkeit zu suchen. Die Stimmen aus dem Tal dort drüben verschließen mir noch immer meine Ohren und seine Schatten versperren mir den Weg, und ich kann nicht hinüber.

Jenseits dieser Berge liegt ein Zauberhain, und für den, der darin wohnt, ist mein Frieden nur ein Wirbelwind und meine Zauberei nur Illusion.

Ich bin zu jung und zu rebellisch, um nach diesem geweihten Hain zu suchen. Blutgeschmack liegt mir im Mund, und Pfeil und Bogen meiner Ahnen liegen immer noch in meiner Hand, und ich kann nicht dahin.

Jenseits dieses schwer beladenen Selbst liegt mein freieres Selbst. Ihm sind meine Träume eine Schlacht, die im Dämmer ausgefochten wird, und meine Wünsche sind das Beben der Gebeine.

Ich bin zu jung und auch zu aufgebracht, um mein freieres Selbst zu sein.

Wie sollte ich auch mein freieres Selbst werden, wenn ich nicht mein beladenes Selbst erschlage oder alle Menschen frei werden?

Wie soll der Adler in mir zur Sonne schweben, während meine Jungen das Nest verlassen, das ich mit meinem eigenen Schnabel für sie baute?

DIE LETZTE WACHE

Als die Nacht schon so weit fortgeschritten war und sich der erste Hauch der Morgendämmerung auf den Wind legte, verließ der Vorbote, der sich selbst das Echo einer bisher ungehörten Stimme nannte, sein Schlafgemach und stieg auf das Dach seines Hauses. Er stand lange da und sah auf die schlummernde Stadt nieder. Dann hob er den Kopf, und als würden sich die ruhelosen Geister all der Schlafenden um ihn gesellen, öffnete er seine Lippen und sprach:

»Meine Freunde und Nachbarn und alle, die ihr täglich an meinem Tor vorüber schreitet, ich will zu euch sprechen, auch wenn ihr noch schlaft, und im Tal eurer Träume will ich nackt und frei umherwandern, denn achtlos seid ihr, wenn ihr wach seid, und taub sind eure lärmgeschundenen Ohren.

Lange Zeit liebte ich euch und dies grenzenlos.

Ich liebte den Einzelnen unter euch, als ob er alle wäre, und alle, als ob sie ein Einziger wären. Im Frühling meines Herzens sang ich in euren Gärten und im Sommer meines Herzens sah ich euch bei der Ernte zu.

Ja, ich liebte euch alle, den Riesen wie den Zwerg, den Aussätzigen wie den Gesalbten, und den, der im Dunkeln tappt, genauso wie den, der seine Tage tanzend auf den Berggipfeln verbringt.

Dich, den Starken, liebte ich, obwohl sich die Spuren deiner eisernen Hufe noch auf meinem Fleisch abzeichnen; und dich, Schwacher, obwohl du meinen Glauben verzehrt und meine Geduld verschwendet hast.

Dich, Reicher, liebte ich, obwohl dein Honig mir bitter auf der Zunge lag; und dich, Armer, obwohl du meine Scham für meine leeren Händen kennst.

Dich, Dichter mit der Bogenlaute und den blinden Fingern, ich liebte dich in all meiner Nachsicht, und dich Gelehrter, der stets verfaulte Leichentücher in den Armengräbern sucht, dich ebenso.

Dich, Priester, liebte ich, der in der Stille des Gestrigen kauert und das Schicksal meines Morgens in Frage stellt; und euch, die ihr Götter anfleht um die Bilder eurer eigenen Wünsche.

Dich, durstige Frau, deren Kelch immer voll ist, ich liebte dich verständnisvoll; und dich, Frau mit den ruhelosen Nächten, dich liebte ich voll Erbarmen.

Dich, Redseliger, liebte ich und sagte mir: ›Das Leben hat so viel zu sagen.‹ Und dich, Stummer, dich liebte ich und flüsterte mir zu: ›Sagt er nicht schweigend, was ich in Worten zu hören wünsche?‹

Dich, Richter und Kunstkenner, dich liebte ich ebenso, wenn du mir auch, als du mich gekreuzigt sahst, sagtest: ›Er blutet rhythmisch, und das Muster, das das Blut auf seiner weißen Haut beschreibt, ist schön anzusehen.‹

Ja, ich liebte euch alle, die Jungen wie die Alten, das zitternde Schilf wie die stramme Eiche.

Es war die Fülle meine Herzens, die euch von mir abkehren ließ. Ihr wolltet die Liebe aus einem Becher trinken, doch nicht aus einem überschäumenden Fluss. Ihr wolltet das schwache Raunen der Liebe vernehmen, doch vor ihren Schreien, verschlosst ihr eure Ohren.

Und weil ich euch alle liebte, sagtet ihr: ›Sein Herz ist zu weich und nachgiebig und sein Weg zu unbedacht. Das ist die Liebe eines Notleidenden, der Krümel aufließt, während er an einer königlichen Tafel sitzt. Es ist auch die Liebe eines Schwächlings, denn der Starke liebt nur den Starken.‹

Weil ich euch über alles liebte, sagtet ihr: ›Das ist nur die Liebe eines Blinden, der weder die Schönheit des einen noch die Hässlichkeit des anderen kennt. Das ist auch die Liebe von einem, der keinen Geschmack hat, der Essig wie Wein trinkt. Es ist die Liebe eines Unverschämten und Anmaßenden, denn welcher Fremde kann uns Mutter und Vater, Schwester und Bruder ersetzen?‹

Dies sagtet ihr und noch viel mehr. Wie oft habt ihr auf dem Markt mit Fingern auf mich gezeigt und gespottet: ›Da kommt der, der kein Alter kennt, der Mann ohne Jahreszeiten, der mittags mit unseren Kindern spielt und abends mit unseren Ältesten zusammenhockt und Weisheit und Verständnis vergaukelt.‹

Ich sagte mir: ›Ich will sie noch mehr lieben. Ja, noch viel mehr. Doch werde ich meine Liebe verschleiern, dass sie wie Hass erscheint, und meine Zuneigung tarne ich als Bitterkeit. Eine eiserne Maske will ich tragen, und ich besuche sie nur, wenn ich gerüstet und bewaffnet bin.‹

Von da an begegnete ich euren Wehwehchen mit fester Hand und wie das Sturmtoben in der Nacht donnerte meine Stimme in euren Ohren.

Vom oben herab kanzelte ich euch als Heuchler, Pharisäer, Trickser ab, als Falschmünzer und Schaumschläger. Die Kurzsichtigen unter euch verfluchte ich als blinde Fledermäuse und die, die auf der Erde krochen, verglich ich mit seelenlosen Maulwürfen.

Die Beredten nannte ich doppelzüngig, die Schweigsamen, schmallippig, und die Einfachen und Schlichten lebendig Begrabene.

Jene, die das Wissen der Welt erstreben, verurteilte ich für ihr Aufbegehren gegen den heiligen Geist und die, die nach nichts anderem streben, als nach dem Geistigen, die brandmarkte ich als Schattenjäger, die ihre Netze in seichtes Wasser werfen und nur die eigenen Bilder einfangen.

So prangerte ich euch alle mit meinen Lippen an, während euch mein blutendes Herz mit liebevolle Namen anrief.

Es war die Liebe, die sich selbst geißelte, die zu euch sprach. Es war der halb erschlagene Stolz, der im Staub zitterte. Es war mein Hunger nach eurer Liebe, der auf der Dachterrasse tobte, während meine eigene Liebe schweigsam niederkniend euch um Vergebung anflehte.

Doch seht, ein Wunder geschah!

Meine Täuschung war es, die euch die Augen öffnete, mein vorgetäuschter Hass war es, der eure Herzen weckte.

Jetzt liebt ihr mich.

Ihr liebt die Schwerter, die nach euch schlagen, und die Pfeile, die sich nach eurer Brust sehnen. Es tröstet euch, wenn ihr verwundet werdet, und nur wenn ihr von eurem eigenen Blute trinkt, könnt ihr euch berauschen.

Wie Motten, die Vernichtung in den Flammen suchen, versammelt ihr euch jeden Tag in meinem Garten. Mit emporgehobenen Häuptern und verwünschten Augen seht ihr, wie ich euer Tagwerk vor euch auseinanderreiße. Und flüsternd sagt ihr euch einander: ›Er sieht im Licht Gottes. Er spricht wie die alten Propheten. Er offenbart uns unsere Seelen und öffnet unsere Herzen, und wie der Adler, der den Weg der Füchse kennt, kennt er unsere Wege.‹

Ja, es ist wahr, ich kenne eure Wege, so wie ein Adler die Wege seiner Kinder kennt. Wie gern würde ich euch meine Geheimnisse preisgeben! Doch weil ich eure Nähe brauche, täuschte ich euch vor, euch fern zu sein, und aus Angst vor der Ebbe eurer Liebe schützte ich sie mit Schleusen vor der Flut meiner Liebe.«

Nachdem er dies gesagt hatte, vergrub er sein Gesicht in seinen Händen und weinte bitterlich.

Tief im Herzen wusste er, dass die Liebe, die man ihrer Nacktheit wegen gedemütigt hat, größer ist als die Liebe, die verkleidet den Sieg erringt. Und er schämte sich.

Da hob er plötzlich seinen Kopf, und wie einer, der aus dem Schlaf erwachte, streckte er seine Arme aus und sagte: »Die Nacht ist vorüber, und wir Kinder der Nacht müssen sterben, wenn das Morgenrot über die Berge springt. Aus unserer Asche wird sich eine mächtigere Liebe erheben. Und sie wird in der Sonne lachen. Unsterblich wird sie sein.«

KURZBIOGRAFIE

1883 Gibran Khalil Gibran[1] wird am 6. Januar in Bischarri im Nordlibanon geboren. Seine Eltern, Vater Khalil Gibran und Mutter Kamila Rahmeh, sind maronitische Christen.

1891 Gibrans Vater, der als Steuereintreiber arbeitet, wird der Unterschlagung bezichtigt. Dahinter steht die Intrige eines maronitischen Klerikers, der die Vergehen eines Verwandten auf Gibrans Vater lenken will. Der Vater kommt ins Gefängnis. Sein Eigentum wird beschlagnahmt. Gibran zieht mit seiner Mutter und seinen Geschwistern in den Keller des Ortsvorstehers. Die Unschuld des Vaters wird erst drei Jahre später bewiesen.

1895 Gibran emigriert gemeinsam mit seiner Mutter, seinen jüngeren Schwestern Mariana und Sultana und seinem älteren Halbbruder Burtros in die Vereinigten Staaten. Die Familie lässt sich in Boston nieder. Nur Vater Khalil bleibt im Libanon zurück, um die Schulden der Familie zu begleichen. Schon wenige Wochen nach der Ankunft in Boston besucht Gibran als Einziger die öffentliche Schule.

1 Gibran ist sein Vorname, Khalil Gibran der Name seines Vaters. Man spricht den Namen: Gibran (Sohn des) Khalil Gibran.

Die Registrarin der Schule schreibt ihn als Kahlil Gibran ein.

1896 Im Zeichenunterricht in einem Bostoner Gemeindehaus wird Gibrans Lehrerin auf sein Talent aufmerksam und empfiehlt ihn dem Avantgardekünstler Fred Holland Day, der Gibrans erster großer Förderer wird. Day führt ihn in die Bostoner Künstlerkreise ein, macht ihn mit zeitgenössischer Literatur und der Mythologie des Altertums vertraut und veröffentlicht Illustrationen Gibrans in Werken seines Verlages.

1898 Day zeigt in einer Ausstellung Fotografien, die von Gibran dominiert sind. Gibran ist Days Lieblingsmodel geworden.

Im gleichen Jahr bricht Gibran mit dem Schiff in den Libanon auf. Seine Mutter fürchtete den wachsenden Einfluss der westlichen Welt auf ihren Sohn und wünschte, er möge mehr von seiner eigenen Kultur erfahren. Er wird Schüler an der »Schule der Weisheit« in Beirut, ein von maronitischen Klerikern geführtes Gymnasium, und widmet sich vor allem dem Studium der arabischen und französischen Sprache und Literatur. Von seinen Lehrern dazu angehalten, beginnt Gibran auch mit dem Dichten. In seinem zweiten Schuljahr entsteht die erste, noch unreife Fassung des Propheten.

Gibran Khalil Gibran, Selbstporträt, 1908

1902 Gibran kehrt nach Boston zurück. Zwei Wochen vor seiner Ankunft verstirbt seine Schwester Sultana an Tuberkulose.

1903 Gibran verliert kurz aufeinander auch seine Mutter und seinen Bruder. Kamila stirbt an Krebs, Butros an den Folgen der Tuberkulose.

1904 Day organisiert Gibrans erste eigene Ausstellung in seinem Atelier. Hier lernt Gibran Mary Haskell kennen, die einen großen Einfluss auf ihn ausübt und ihn Zeit seines Lebens fördern wird.

1905 Gibran veröffentlicht eine Abhandlung über die Musik in arabischer Sprache und schreibt Beiträge für die *al-Muhajir* in New York, eine arabische Zeitschrift für Exilanten.

1906 Er veröffentlicht die Novellensammlung *Die Nymphen der Täler* in arabischer Sprache.

1908 Mit der finanziellen Unterstützung von Mary Haskell geht Gibran für zwei Jahre nach Paris, wo er sich an der *Akademie Julian* einschreibt und seine Fähigkeiten als Maler erweitert. Er befasst sich intensiv mit den Werken der Romantiker und lernt Größen der Zeit kennen, die er größtenteils auch porträtiert. Dazu gehören Rodin, Rostand, Debussy, Yeats, Tagore, Jung und der syrische Politiker und Autor Ameen Rihani. Er beschäftigt sich erstmals mit den Werken von Nietzsche.

Mehrere seiner Gemälde werden in Ausstellungen gezeigt.

Gibran veröffentlicht die Novellensammlung *Rebellische Geister*, mit der er sich in der arabischen Welt einen Namen macht.

1910 Er kehrt nach Boston zurück. Dort macht er Mary Haskell einen Heiratsantrag, den sie aber aus Rücksicht auf ihren Altersunterschied ablehnt.

Er bemüht sich nun intensiv, die libanesischen und syrischen Auswanderer für die Befreiung des Libanon aus der osmanischen Fremdherrschaft zu mobilisieren.

1911 Inspiriert von der Lektüre von Friedrich Nietzsches *Also sprach Zarathustra* nimmt Gibran die Arbeit am Propheten wieder auf. Zudem illustriert er Ameen Rihanis vielschichtigen, englischsprachigen Roman *Das Buch von Khalid*, ein Pionierwerk, arabisch-amerikanischer Literatur. Der Roman handelt von einem im Exil lebenden Propheten.

1912 Gibran findet in Boston nur noch wenig Inspiration und siedelt nach New York über, wo er ein kleines Studio mietet, das ihm auch als Wohnung dient.

In diesem Jahr veröffentlicht er den viel beachteten, autobiografischen Roman *Gebrochene Flügel* in arabischer Sprache.

1914 Er veröffentlicht eine Sammlung seiner literarischen Beiträge aus der *al-Muhajir* unter dem Titel *Eine Träne und ein Lächeln*.

1918 Von Mary Haskell dazu angehalten, auch in englischer Sprache zu schreiben, veröffentlicht Gibran sein erstes englischsprachiges Werk *Der Narr*. Es handelt sich um eine Sammlung von Gleichnissen.

1919 *Der Reigen* erscheint, ein philosophisches Gedicht in arabischer Sprache. Ebenso erscheint erstmals eine Auswahl von Gibrans Zeichnungen und Gemälden unter dem Titel *Twenty Drawings*.

1920 Es erscheint auf Englisch *Der Vorbote* und auf Arabisch *Die Stürme*, eine Sammlung von literarischen Beiträgen.

In diesem Jahr wird Gibran Mitbegründer und Vorsitzender der Arrabita, einer Vereinigung syrischer Exilschriftsteller, die einen großen Einfluss auf die Erneuerung der arabischen Literatur ausübt.

1921 Es erscheint Gibrans erstes dramatisches Werk, der mystische Einakter *Iram, die Stadt auf den Säulen*.

1923 Gibrans Hauptwerk *Der Prophet* erscheint im September. Das Buch wird binnen kurzer Zeit zum Bestseller. Es wurde bis heute in mehr als 50 Sprachen übersetzt.

Ebenso veröffentlicht er *Erde und Seele* in arabischer Sprache.

1928 *Jesus, der Menschensohn* erscheint. Es ist Gibrans zweitwichtigstes Werk, das auch als das »Evangelium des Khalil Gibran« bezeichnet wird.

1931 Gibran wird am 10. April schwer krank ins St.-Vincent-Hospital in New York eingeliefert. Wenige Stunden später erliegt er der Krankheit. Seinem letzten Willen folgend, wird er in seiner Heimat in Bischarri/Libanon bestattet. Am 21. August 1931 legt das Schiff mit seinem Sarg in Beirut an. An der Prozession in seine Geburtsstadt nehmen alle großen Persönlichkeiten des Landes teil. Gibran wird im ehemaligen Kloster Mar Sarkis bestattet, das heute das Gibran-Museum beherbergt.

nach 1931 Posthum erscheinen *Der Wanderer* (1932) und *Der Garten des Propheten* (1933), die Fortsetzung des Propheten.

INHALTSVERZEICHNIS